तफ़्तीश जारी है

कल्पना सिंह

अग्निपथ

AGNIPATH

A River Paw Press Publication

INDIA | USA

तफ़्तीश जारी है

प्रथम संस्करण: 1993
द्वितीय संस्करण: 2018

ISBN: 9780578409399

**Tafteesh Jari Hai
(Investigation Continues)
25th Anniversary Edition: 2018**
Poetry by Kalpana Singh (Kalpana Singh-Chitnis)
Publisher: Agnipath
A River Paw Press Publication - USA ▮ INDIA
www.riverpawpress.com

आई-भाई की स्मृति में
और मां-पापा के लिए

हंस, धर्मयुग, पहल, साक्षात्कार, जनसत्ता, तथा अन्य पत्र-पत्रिकाओं को
"तफ़्तीश जारी है" की कविताओं के पूर्व प्रकाशन के लिए हार्दिक धन्यवाद!

भूमिका

क्या कविता की आँख किसी उपग्रह या नक्षत्र की आँख होती है, जो सारी रात समूची पृथ्वी के दिक् और काल के आर-पार लगातार देखती हुई अपनी अकेली निस्संग यात्रा की 'टूर डायरी' में वह रोज़नामचा दर्ज करती है, जिसे आम-मामूली नींद में डूबीं या अपने अलग-अलग निजी स्वप्नों में खोयी आँखें नहीं देख पातीं।

> 'उसने शीशे में झाँका
> पूरी दुनिया तिर रही थी
> उसकी आँखों में...
>
> उसने खुद को टटोला
> तो महसूस किया
> पूरी दुनिया आ बसी थी उसके अंदर...'

यह समूचे समय और यथार्थ के अपरिमित उलझे हुए उत्पीड़ित यथार्थ के विस्तार को आत्मसात करते हुए एक अनोखे तदाकार में कविता को किसी स्थिर नक्षत्र में तब्दील कर देने का कौतुक है। ऐसा सच्चा हुनर जो सिर्फ़ कविता लिखने के पल में कॉफी या अल्कोहल की घूंट या सिगरेट की तरह सुलगाई हुई क्षण भर की संवेदना के ज़रिये हासिल नहीं होता। यह कविता की उस आँख का ऐसा हुनर है, जो दूसरी हज़ार आँखों की लिपियों को पढ लेती है :

> 'उनकी आंख में भय था, आतंक था,
> या थी एक मुर्दनी?
> पर उनकी आँखों में कुछ था जरूर...'

एक ऐसे नक्षत्र का हुनर जो पहाड़ी के पार उतर कर घास की पत्तियों की नोक पर अटकी ओस की बूंदें पीकर अपनी भूख और प्यास मिटाता है और जंगलों की फुनगियों के आधे-अधूरे स्वप्नों या अपने खिलने की प्रतीक्षा में ठहरी हुई बंद कलियों का भविष्य बन जाता है। एक कोई ऐसा नक्षत्र जिसकी उद्विग्न, व्याकुल, गहरी संवेदनशील आँखें, जिसके लिए समूची धरती मरियम की गोद बन जाती है और इस धरती में रहने-जीने वाले हर मनुष्य की देह और आत्मा, उसकी शिराओं और अस्थियों में बहने वाले रक्त और मज्जा की अबूझ लिपियों को हमारी भाषा में 'डिकोड' करते हुए अपनी डायरी में दर्ज करता है। निर्मल वर्मा के शब्द उधार लें, तो -'रात का रिपोर्टर' और गजानन माधव मुक्तिबोध के शब्द लें, तो -'आत्मा का गुप्तचर'।

मैंने जब कल्पना सिंह के इस संग्रह की कविताओं से गुज़रते हुए आखिरी पन्ना पलटा, तो जैसे कोई 'टूर डायरी' क्लोज़ हुई। ... और फिर लगा, कोई ध्रुव तारा अभी-अभी यहीं कहीं था।

इस कविता के अटल स्थिर नक्षत्र की डायरी को पढ़ा जाना चाहिए। यह धरती के जीवन को नीला बनाने वाले ज़हर के व्यापारियों की निर्भय मुखबिरी है।

उदय प्रकाश

नई दिल्ली, 28 नवंबर 2018

कविताएं कल्पना की

'मरने से पहले
वह चीखी थी
लड़ी थी
ज़ाहिर था
पर उसकी चीख गयी कहां
तफ़्तीश जारी है...'

मजलूम की चीख के साथ-साथ मुझे शायर की भी चीख सुनाई दी, और उस शायर की तफ़्तीश जारी हो गयी।

कल्पना से बाद में मिला, उनकी आवाज़ से पहले परिचय हुआ। इस आवाज़ में दर्द को पहचानने, पकड़ने, और उसे पा लेने की कोशिश भी दिखाई दी। पा लेना शायद इस लिए था कि वो कविता कहना चाहती हैं, और कविता कहना जानती हैं। उन्हें मिला तो ऐसा लगा कि वे इतनी दुःखी हैं नहीं, जितना होना चाहती हैं; इसलिए की उन्हें दुःखों की पहचान है। दुःख उनके अपने नहीं, पर वे दुनिया के दुःख को पहचानती हैं और महसूस भी करती हैं।

'उसने शीशे में झांका,
पूरी दुनिया तिर रही थी
उसकी आंखों में,

उसने ज़ुबान फेरी,
उसके होठों पर था
अब दुनिया का स्वाद...'

कल्पना की ज़ुबान सादा है, आम, बिलकुल आम बोलचाल जैसी, लेकिन

भावनाएं बहुत गहरीं। वह सामाजिक मसलों की तह पकड़ने के लिए हालत को छीलने लगती हैं। तह तो किसी के हाथ नहीं आती। इंसान बड़ी उलझी हुई गुत्थी में है। लेकिन उस गुत्थी को छीलते रहना, उसकी परतें उतारते रहना, और तहों में छुपे हुए बीज को तलाश करते रहना ही शायर का काम है। कल्पना यह काम बखूबी करती हैं।

'उस रात, जब वे
छोड़ कर भागे थे
अपना गावं, घर,
धुंधुआते चूल्हे और
अधपकी रोटियां,'

कल्पना की जुबान से चूल्हे-आंगन की महक आती है, उसमे मुंडेरों की धूप दिखाई देती है।

'चिड़िया अपने पंखों पर
उतार लाती है धूप हर सुबह...'

और साथ ही कहती हैं -

'चिड़िया जो करती है रोज,
कितना मुश्किल है हमारे लिए।'

गुलज़ार

बम्बई, 14.2.92

कविता क्रम

तफ़्तीश जारी है

मरने से पहले
वह चीखी थी
लड़ी थी
ज़ाहिर था
पर उसकी चीख गयी कहां
तफ़्तीश जारी है...

दस खरोंचे उसके बदन पर
और तेज दांतों के निशान
बड़ा अजीब पशु था

डंडे हिलाते
उसके मुंह पर से भिनकती मक्खियां हटाते
तफ़्तीश में लगे हैं वे
डायरी में कुछ लिखा जा रहा है,

पता करो गांवों में,
पहाड़ियों में,
जंगलों में,
चीख आखिर गयी कहां?
चीख मिले तो शिनाख्त हो पशु की।

पर पहाड़ियां चुप
गांव वाले चुप
दिहाड़े पर आये मज़दूर चुप
कुल्हाड़ियां, झाड़ियां सब चुप,

चीख नहीं मिली...

जंगल को जैसे काठ मार गया हो,
रात भर सिर्फ वही तो भागता फिरा था
उस चीख के पीछे,
कभी इस छोर, तो कभी उस छोर

फिर ठहर गया था वहां
जहां से बंगले का चौकीदार
कार्य-मुक्त होने के बाद
खांसता हुआ चला गया था अपने आउट हाउस की तरफ,

और चीख?
उस रात की *"टूर-डायरी"* क्लोज होती हैं,
फिर कहीं कोई आवाज़ नहीं,
जंगल में हांका अब भी लगा है।

("हंस", जनवरी 1992 में प्रकाशित)

आभास

उसने शीशे में झांका,
पूरी दुनिया तिर रही थी
उसकी आंखों में

उसने जुबान फेरी,
उसके होठों पर था
अब दुनिया का स्वाद,

उसने खुद को टटोला
तो महसूस किया कि
पूरी दुनिया आ बसी थी उसके अंदर,

पर वह हैरान कि
वह दुनिया से बाहर कैसे?
तभी एक गौरैया आकर

उसकी पेशानी पर ठोकरें मारती है,
और वह दरकता चला जाता है
एक बीजावरण की तरह,

एक तीखी हरी गंध
फैल जाती है
उसके चारो ओर,

और उसे महसूस होता है कि
वह अभी अभी पैदा हुआ है,

एक पूर्वाभास के साथ।

("हंस" जनवरी 1992 में प्रकाशित)

पहाड़ी के उस पार

आज वर्षों बाद
उसे भूख नहीं थी,
इसलिए नहीं कि
उसके अंदर का कोई
टुकड़ा मर गया था,

बल्कि इसलिए कि
उसकी भूख आज
उतर गयी थी
एक पहाड़ी के पार,
किसी हरे-भरे मैदान में

और छक कर पी ली थी उसने ओस
पत्तियों पर ठहरी हुई पुरनम,
ओस, जैसे उसकी आंखों में ठहरे
निष्पाप स्वप्न,

न जिनमें राख उदासी की,
न अविश्वासों का धुआं,
न सपनो का रक्त,

आकाश की ओर बाहें उठाये
जंगल की फुंगियों पर अधखिले स्वप्न,
बंद कलियों में कल की सुबह,
और जंगल की जड़ों की मजबूती
जैसे उसके खुद की ही तो थी।

धरा का अंक,
जैसे मरियम की गोद,
और उसे महसूस हो रहा था प्रतिक्षण,
अपने संपूर्ण तन में प्रवाहित जीवन...

आज सक्षम है वह बता सकने में कि
पहाड़ी के उस पार
जंगल मर क्यों जाते हैं,

कि ओस चाटते ही लोग
नीले क्यों पड़ने लगते हैं उस पार,
पहाड़ी के उस पार।

("हंस" जनवरी 1992 में प्रकाशित)

पहाड़ी के इस पार

फिर वही नीले फूल,
नीले फूलों की घाटियों में रहने वाले
नीले लोग,
बहता जहर नदियों के साथ
पीते लोग,
और एक सन्नाटा!

ढोलक की थाप, और गीतों की गूंज पर,
जिंदगी की लय को भूलते लोग,
चिहुंक पड़ते हैं जब-तब,
जैसे उतरती चली गई हों उनमें गहरे तक
किसी आदमभक्षी पेड़ की सर्पीली शाखें
जड़ों की तरह,

फिर मौन,
एक गहन मौन,
चाँद कसैला हो गया है इस घाटी में,
जाने कब से रोशनी नहीं पी,
अग्निपिंडों से अधर लिए पड़े हैं लोग
और टंगी आंखें आसमान की तरफ,

ध्रुव-तारा यहीं था कहीं।

("हंस", जनवरी 1992 में प्रकाशित)

कुपवाड़े से भागे वे लोग

(एक)

कोई उसे नहीं जानता
यहां उसके नाम से,
जो बैठी है गुमसुम
लकड़ी के बोटे पर वहां,

आरे मशीन में
काट डाला गया बेटा जिसका,
उसकी पहचान इतनी ही है वहां।

("साक्षात्कार", मई-जुलाई 2007 में प्रकाशित)

कुपवाड़े से भागे वे लोग

(दो)

उस रात जब वे
छोड़ कर भागे थे
अपना गावं, घर,
धुंधुआते चूल्हे
और अधपकी रोटियां,

कौन आये थे उस रात की पहली रात
उनके घरों में?
और उस रात के बाद
उन्होंने क्यूं नहीं खोली थीं खिड़कियां
अपने-अपने घरों की?

वे अभी कह भी नहीं पाये थे कि
उस रात के बाद वे क्यूं नहीं देख पाए थे
अपनी लड़कियों की आंखों में,
कि एक चिनार अरअराता हुआ गिर पड़ता है,
वे आखिर नहीं ही कह पाए बात अपनी।

("साक्षात्कार", मई-जुलाई 2007 में प्रकाशित)

कुपवाड़े से भागे वे लोग

(तीन)

उनकी स्मृतियों में है
उनका घर
और घर के पिछवाड़े खिला
एक अकेला फूल,

और वह तख़्त,
जिसे भागते वक़्त
घर के बाहर बारिश में भीगता
वे छोड़ आए थे उस रात,

उनकी स्मृतियों में है और
उनके संवाद, कहकहे और मीठी धूप,
और वह सब, जिन्हें वे नहीं ला सके
साथ अपने,

और उन्हें,
जिनकी उंगलियां पकड़, वे चरागाहों में
दूर-दूर तक दौड़ते चले जाते थे कभी,
बर्फ पिघलने के बाद के दिनों में।

("साक्षात्कार", मई-जुलाई 2007 में प्रकाशित)

कुपवाड़े से भागे वे लोग

(चार)

उनकी जड़ों में घोल दी गई बारूद
और वे जमीन से अलग हो गए,

किसी ने उनके कानों में जाने क्या कह दिया
और वे जमीन से अलग हो गए,

बर्फीली आंधियां कहरीं
और टूट गये चिनार,

अपनी धरती से टूटे चिनार
कहां जाएंगे?

सूखेंगे, जलेंगे,
जानते हैं हम भी उनकी तरह,

जानते हैं हम भी,
उनकी राख फिर भी लौटना चाहेगी,

अपनी घाटियों में ही।

("साक्षात्कार", मई-जुलाई 2007 में प्रकाशित)

कुपवाड़े से भागे वे लोग

(पांच)

तम्बुओं के बाहर खेलती लड़की
नहीं आई हमारे पास,
हमारे लाख बुलाने पर भी नहीं आई,

वह भाग कर
अपने तम्बू के दरवाज़े पर
रस्सियां पकड़ कर खड़ी हो गई,

मानों नहीं घुसने देगी वह
किसी को भी
अपने घर में अब,

जिन्हें नहीं पहचानती वह,
वे अजनबी चेहरे,
अब नहीं रौंद पाएंगे उसका यह घर!

(“साक्षात्कार”, मई-जुलाई 2007 में प्रकाशित)

कुपवाड़े से भागे वे लोग

(छह)

कुछ लोग जो मिलते हैं
वहां फिर भी बड़े खुलूस से,

मानो भय को
पराजित कर आये हों,

चीड़ों की मजबूती लिए,
अखरोट की लकड़ियों से कोमल वे लोग।

("साक्षात्कार", मई-जुलाई 2007 में प्रकाशित)

कुपवाड़े से भागे वे लोग

(सात)

उनके घर आई है दुल्हन
अपने तम्बू से मात्र दस कदम चलकर अपने घर

गीत गाये हैं उन्होंने
जो नहीं जानते थे कल तक एक दूसरे को

दो दिनों के लिए भूल गए लोग
पहाड़ों से चट्टानों के गिरने की आवाज़

कहवे में केसर की तरह
दुल्हन की वह रात।

("साक्षात्कार", मई-जुलाई 2007 में प्रकाशित)

अंतर्गथा

उनकी आंखों में भय था
आतंक था, या थी एक मुर्दनी?
पर उनकी आंखों में कुछ था जरूर।

उनकी आंखें इतिहास के सफ्हों की तरह,
पर उन्होंने इतिहास देखा कब?

वे देखते हैं रह-रह कर उस ओर,
जैसे वे अभी-अभी गए हों
उसी पथ पर।

वे, जो जड़ गए हैं उनकी आंखों में
यह अपरिभाषित मौन।

वे आये नहीं इस बार घोड़ों पर,
पर विलीन होती आवाज़ टापों की,
आक्रांत पथ, और धूल भरी दिशाएं

पक्षी नहीं गुजरेंगे आज इस ओर से
कि आज गुजरा है इतिहास।

एक पत्ता भी नहीं हिलता कहीं।
तूफानों के गुजरने पर जहां
एक पत्ता भी नहीं हिलता,

समूची धरती हिलती है वहां,
एक इंसान के भीतर।

("जनसत्ता", सबरंग, 30 मई 1993 में प्रकाशित)

लावा

वे कैसे हो सकते हैं खामोश
जो लाये थे शब्द डूबकर
शताब्दियों के प्रवाह से,

एक आग पी थी
और उगाये थे शब्द
हथेलियों पर,

आवाज जिनकी
उधार नहीं,
वे क्यूं हैं खामोश?

या लहकती हैं आज भी कहीं
अस्थियां उनकी देह में
और सुर्ख है लहू?

फिर क्यों हैं वे
बर्फ की तरह सर्द,
सफ़ेद?

जो अपनी ख़ामोशी से करते हैं हमें हैरान,
देखते हैं वे भी
सड़कों पर फैलता लावा।

("जनसत्ता", सबरंग, 30 मई 1993 में प्रकाशित)

शब्द

लोग एक दूसरे से बोलते हैं,
फिर भी नहीं बोलते,

कि कोई बाज उतरेगा
और लपक ले जायेगा उनके शब्द,
लहूलुहान कर डालेगा,

कि उनके शब्द फिर
शब्द नहीं रह जायेंगे,

लोग डरते हैं शब्दों के दिन-दहाड़े उठ जाने से,
रात के अंधेरे में गायब हो जाने से,
लोग चुप हैं, कि वे डरते हैं शब्दों की मौत से।

इस चुप्पी से मर नहीं रहे अब शब्द,
मर रहे हैं अर्थ अब शब्दों के।

समुद्र तुम्हारा

तुम्हारे यौवन और उदासी के बीच
वे कोई रिश्ता ढूंढेंगे,
फिर नहीं मानेंगे उस रिश्ते को।

वे दूर बैठे भांपेगें तुम्हारी नसों में दौड़ती आंधियां,
पर तुममें, आंधियों में, और खुद के बीच
वे कोई रिश्ता नहीं ढूंढेंगे।

वे आंधियों से डरेंगे,
पर ले जाएंगे तुम्हें एक दिन
और आंधियों के भय से मुक्त हो जाएंगे,

और रेत में उतरी मछलियों की तरह तुम
नहीं लौट सकोगे कभी
अपने समुद्र तक।

चिड़िया

चिड़िया अपने पंखों पर
उतार लाती है धूप
हर सुबह

चोंच भर दाने की लोभ में
नहीं आती चिड़िया

चिड़िया आती है,
घर की छत पर ठहरे
पानी में नहाती है

और छोड़ जाती है
ढेर सारा सुख।

चिड़िया जो करती है रोज,
कितना मुश्किल है
हमारे लिए।

सिंहभूम

(एक)

वे उतरती हैं
पगडंडियों से
कोलतार की सड़कों पर,
और सड़कें पगडंडियां हो जाती हैं।

वे लौटती हैं
सड़कों से पगडंडियों की ओर,
सड़कें उनके घरों तक
नहीं जातीं।

("जनसत्ता", सबरंग, 30 मई 1993 में प्रकाशित)

सिंहभूम

(दो)

वे उतरती हैं
पहाड़ी नदी की तरह
पठार में
लकड़ियों का गट्ठर लिए।

रेत की पाजेब पहने
चलती हैं जब
समूचा जंगल चलता है
साथ उनके।

("जनसत्ता", सबरंग, 30 मई 1993 में प्रकाशित)

सिंहभूम

(तीन)

वे चलते हैं कहारों की तरह,
कंधे पर पाटियां लिए
डोलियों की तरह।

वे संगीतमय हैं,
जाने क्या बजता है
आज भी उनके अंदर।

("जनसत्ता", सबरंग, 30 मई 1993 में प्रकाशित)

सिंहभूम

(चार)

वे बैठे हैं हाट में
ऊंचे टोकरों में लिए स्वप्न

वे देखते लगे हैं सपने जब से
हमारी तरह।

("जनसत्ता", सबरंग, 30 मई 1993 में प्रकाशित)

सिंहभूम

(पांच)

खत्म होती हैं पहाड़ियां यहां
और चुकते हैं जंगल,

मैदान खुलता हैं यहां से,

कुछ बंद भी होता है
यहीं से कहीं।

("जनसत्ता", सबरंग, 30 मई 1993 में प्रकाशित)

वे बंजारे हैं

वे बंजारे हैं,
चटख रंगों
और रेगिस्तानी गंधों के सख्त फूल।

पूरी पृथ्वी उनके कदमों से बंधी,
और वे कभी ठहरे नहीं
एक जिंदा फलसफे की तरह।

शहर के हाशिये पर,
खुले आसमान के नीचे
वे बजते हैं

सुनसान रातों को
खाली घड़े तरह।
वे बजते हैं रात-रात।

वे लाते हैं भरी दुपहरी में
ताड़ के पत्ते, झाड़
और डालते हैं डेरे,

वे ढालते हैं मूर्तियां
और करते हैं फरोख्त
शहर की गलियों और बाजारों में,

वे आते हैं
और चले जाते हैं,

वे चले जायेंगे फिर...

अलावों की राख में छोड़कर
अपनी बाटी की गंध,
और मांद की मीड़ हवाओं में,

वे बंजारे हैं,
रूखे-रूखे,
खिले-खिले,

चटख रंगों
और रेगिस्तानी गंधों के
सख्त फूल।

सुबह

चाँद आज भी उतर आता है
उनके सिरहाने जब-तब,
और वे मुड़ कर देखती हैं चाँद,
हर बार, एक लोहित चाँद।

जाने क्यों, वे चाँद को छूने का प्रयास करती हैं,
और उनकी हथेलियां जल जाती हैं।
वे महसूस करती हैं, चाँद तप रहा है
किसी तपती हुई वेदी की तरह,

फिर धीरे-धीरे उनकी आंखों के सामने
एक दृश्य स्पष्ट होता चला जाता है...
और वे देखती हैं आज भी
अपने सामने धधकता एक अग्निकुंड

और दूसरी ओर खड़ा उनका इतिहास।
तो कभी किसी अभिशाप से पथराता अपना जिस्म।
वे घबरा कर अपनी आंखें बंद कर लेती हैं,
और चाँद के रुख को दूसरी तरफ मोड़ देती हैं।

वे घबराती हैं,
पसीने से नहा-नहा जाती हैं।
पर साहस कर के
एक बार फिर से छूती हैं चाँद।

इस बार, उनका पोर-पोर लहूलुहान हो जाता है।

चाँद अब भी कंटीला है,
धारदार है,
बिलकुल उनके अतीत की तरह।

वे सोंचती है,
उनका इतिहास रह-रह कर
उनका वर्तमान बनने पर
उतारु क्यों हो जाता है?

वे संभालती हैं एक बार फिर कहीं
अपने अपमानित केश,
आज भी वे डरती नहीं,
बस किसी को नहीं पुकारतीं नहीं।

शायद जानती हैं
कि आज केशव वे स्वयं हैं
और पांचजन्य भी स्वयं।
और चाँद हैरान है, कि यह कौन सी घड़ी है

जो न तो उनका अतीत है,
नाहीं वर्तमान?
एक संशय से भीगता
वह हटता है पीछे की ओर,

और वे निर्विकार भाव से बढ़ती हैं आगे।
और अब ले लिया है उन्होंने चाँद
अपनी हथेली पर,
और अपनी हथेलियां बंद कर ली हैं।

अब उनकी हथेलियों में न तो चाँद है,
न अतीत और वर्त्तमान,
उनकी हथेलियों में है,
एक सुबह।

स्ट्रीट की लड़कियां

वे चौराहें थीं,
जहां तक भिन्न-भिन्न दिशाओं से
आने के मार्ग तो निर्धारित थे,
पर वे स्वयं कोई मार्ग या
गंतव्य नहीं थीं।

कोई राह चलता मुस्कुराता
उनका पता बताता,
तो वे जैसे लड़कियों से सहसा पौध,
और फिर पौध से सहसा
वृक्षों में बदल जातीं,

तीव्रगंधा, पुष्पोंवाली,
जो सारा दिन देखती हैं
अपने दरीचों और मुंडेरों पर बीतता अपना सूरज,
और जगमगाती हुई रोशनी से निकलकर
अपनी सीढ़ियों पर चढ़ती रात, हर रात।

रात बीतती है पर चुकती नहीं,
सूरज डूबता है पर मरता नहीं,
बस हर सांझ
दुबक जाता है वहीं कहीं,
उनके आसपास,

या किसी लड़की के
ज़ाफ़रानी दुपट्टे के पीछे

उसके धड़कते सीने में,
फिर रात भर
तिलमिलाता है।

रात थकती है,
सूरज तिलमिलाता है,
और लड़कियां...?
किसी थके हुए एक लम्हें में देखती हैं
अपने थकते पांव,

और तब,
उनकी आंखों में उतर आता है
उनका शहर, अथवा गांव,
और अपने घर की
एक धुंधली सी याद।

आंगन में बैठ कर मां ने कभी,
उनकी खनकती हुई हंसी सी
एक पायल पहनाई थी
उनके पावों में,
याद आता है उन्हें,

उस पायल के नन्हें नूपुर
अब कितने विकसित हो गए हैं,
क्या पता होगा मां को?
उसकी करुण आंखें तो
अब भी ताकती होंगी द्वार

नन्हें-नन्हें नूपुर बंधे,
नन्हें पावों की प्रतीक्षा में...
पर उससे आगे भला कब,
कहां सोच पाईं लड़कियां?
जब भी सोचना चाहा -

हर बार एक बहस
उनके इर्द-गिर्द
तेज होती चली गई।
हर बार,
एक अधूरी रह जानी वाली बहस।

अपने औचित्य और
अनौचित्य के हिंडोले पर,
एक बार फिर जाकर
झूलने लगती हैं लड़कियां,
तेज, और तेज, खूब तेज,

कहकहों के आतिश में
झुलसती चली जाती हैं लड़कियां,
हर रात खुद पर से
एक नया पतझड़
गुजार देने के लिए!

ईश्वर जाने,
कि हर सुबह,
पतझड़ के मारे उनके पत्तों की जगह
फिर कोई नया पत्ता
कैसे उग आता है?

कि उनका हर ज़ख़्म,
बगैर किसी मरहम के ही,
कैसे भर जाता है?
अभिशाप होती हैं ये लड़कियां
या वरदान होती हैं ये लड़कियां?

होती हैं पुतलियां,
या सामान होती हैं ये लड़कियां?
चीखती हैं फिर क्यों हमारी तरह ये?
कोई भी तो नहीं कहता,
इंसान होती हैं ये लड़कियां।

वे हंसती हैं बारहो महीने

उनका बोलना,
एक दूसरे से बातें करना,
जैसे मंदिर के ठंढे चबूतरे पर बैठ कर खेलना
गाना-गोटी,

रखना बातों को,
उठाना बातें,
गलना,
और अपनी गिट्टियां
एक दूसरे को सौंप देना।

वे मुंह में डली हरी इमली की तरह
फाल्गुन के महीने में,
चैत्य में हल्के पत्ते की तरह
हवा के साथ,

और बैशाख में
अमराइयों तले मिलकर पूछती हैं
आम की कच्ची गुठली से -
सखी की शादी किस ओर ?

गुठली उछलती है उंगलियों के बीच से,
पर हर बार बस बीच में ही गिरती है,
वे फिर भी हंसती हैं
बारहो महीने।

तोता

तोता नहीं था घर में कुछ,
वह बस रहता था एक पिंजरे में,
बोलता था टावं- टावं,

खाता था कोई फल,
कोई बीज,
वह भी एक पेट था।

वह आया था उड़कर कहीं से ऐसे ही एक दिन,
वह रह गया उसी दिन से
बस ऐसे ही...

घर की छत के एक छोर से
लटकता,
अधर में झूलता हुआ।

तोता जरूरी नहीं था।
तोता कोई जरूरत नहीं,
कि तोते से नहीं चलता कोई वंश!

वह फिर भी था घर में,
कि शोभती थी उससे देहरी,
कि उसके मान, और दान से बढ़कर कोई और पुण्य नहीं,

पर एक दिन जब तोता नहीं था -
ओह! वह कितना कुछ था घर में,

वह भी एक जीव था घर के और जीवों की तरह।

वह था तो था घर का कोई कोना हरा,
वह बोलता तो बोलता था
घर का सन्नाटा भी,

वह पढ़ता था राम-राम,
राम-राम और कौन पढ़ता था?
भूख लगने पर पुकारता था मां,

काटता था पिंजरे का चक्कर,
लपकता था आह कैसे,
वह बरखा की कोई बूंद!

पिंजरे के भीतर पिंजरे सी देह,
पर तोता अब नहीं था,
तोता जाने क्यों चुप था, बहुत दिनों से।

सच

मां तुम मत ढूंढो
अपनी संतानों के चेहरे पर
सुबह के सूरज का सत्य अभी,

पिता तुम मत ढूंढो
उनकी आंखों में
कोई अन्यथा स्वप्न।

तुम दो उन्हें अपना वात्सल्य
पर इस तरह नहीं कि वे
तुम्हें कभी माफ़ नहीं कर पाएं

तुम मत कहो उनसे
कि सात रंगों की धनुष पर टंगा आसमान
आज भी वहीं है,

मत कहो कि तुम्हारे मन के कोने में
अब भी बाकी है
कहीं कोई जमीन हरी,

तुम कहो उनसे बस वही
जो सच है,
और अगले ही क्षण

तुम्हारे शिशु,
तुम्हारी धरती की अंगार पपड़ियों पर

दौड़ते दिखाई पड़ेंगे।

तुम कहो उनसे वह
जो नहीं कह पाए आज तक
स्वयं से भी,

तुम मत करो बंद
अपनी आंखे इसलिए कि
तुम्हारी आंखे

भूख से दम तोड़ते
उस सोमालियाई बच्चे के पिता की
रेतीली आंखों से मिलती हैं,

कि तुम्हारे भीतर का सच
किसी युद्ध के बाद लहूलुहान,
वीरान पड़े शहर की सूनी, मातमी गलियों की तरह,

कि तुम्हारे भीतर
कहीं कोई शुभ नहीं,
समृद्धि नहीं,

तुम सौंपो उन्हें बस अपना सत्य,
चाहे संताप, आंधियां और हिचकियां ही सही,
पर दो वही जो सच है।

कुछ दे सको तो दो
यह आंदोलित समुद्र,
और विशाल मरु सा अपना विश्वास,

कुछ दे सको तो दो यह आशीष
कि तुम्हारी संताने तनी रहें
पतवारों की तरह,

कि समुन्दर की लहरों में भी घुलें
सात रंगो वाले धनुष के
सात रंग।

("पहल" 46 में प्रकाशित)

संताप के दिन

धूं-धूं कर जल जायें
पेड़ों की पत्तियां तमाम,

किसी वृष्टि के उन्माद में
नगर, ग्राम,

देखते-देखते पिघल जायें
महाद्वीप हमारी हथेलियों पर,

समा जाएं समुद्र में
सभी वेद, शास्त्र,

अनिश्चय की अकेली शिला पर
थरथराता रहे वर्तमान,

छोड़ जाये काल-सर्प
केंचुल की तरह सदियां, अनिष्ट,

सूरज के क्रोड़ में
आखरी किरण शेष जब तक,

शेष जब तक किसी भूखंड पर
एक भी दूब,

एक भी स्पंदन, धरती के गर्भ में -
अंगड़ाई लेते किसी एक भी अंकुर में,

मेरे और तुम्हारे संताप के दिन
तब तक नहीं।

("पहल" 46 में प्रकाशित)

सेतु

नदी पर बना एक सेतु,
ऊंची, ऊंची रेलिंग्स के बीचो-बीच कसा
चौड़ा, सपाट, मजबूत।

सफर आसान हो गया है सबके लिए,
जो तैरना जानते हैं
और जो नहीं भी जानते।

पर जब अंधेरा घिर आता है,
और कार-मोटरों की हेडलाइट्स
रात एक-एक कर निगलने लगती है,

लोग अपने-अपने घरों को लौट चुके होते हैं,
और शेष बचे किसी लैंपपोस्ट के नीचे
सिमट लिए होते हैं,

इस पुल पर रह जाता है
एक ठहरा हुआ सर्द सन्नाटा,
और हर रात की तरह वह हर रात आता।

फटी बिवाईओं से भरे उसके पांव,
मजबूत देह,
और पैनी आंखे।

अपनी नज़रों से एक बार वह
सेतु के संपूर्ण विस्तार को मापता है,
स्याह आकाश को भरपूर निगाहों से ताकता है,

फिर अपने हृदय की पोटली से
एक अग्निपिंड निकाल कर
बैठ जाता है तापने,

जिसे भोर होते ही
नदी में डाल कर,
वह जाने कहां

किस ओर निकल जाता है।
बड़ा विचित्र मानव है वह,
कहता है -

नदी में भी आग होनी चाहिए
उसके बहते, पिघलते, और चलते रहने के लिए,
वर्ना वह अर्थहीन है।

और कल रात तो हद की उसने,
बीच पुल पर, राह रोक कर हर किसी की
चट्टान सहृश्य खड़ा हो गया था वह,

और कह रहा था हर आने-जाने वाले से,
मत गुजरो इस ओर से,
देखा है कभी गौर से,

यह नदी अर्थहीन है,
और इस सेतु के पार्श्व भी
बंधहीन हैं?

कवच

सागर की लहरें
चीखती हैं, चिल्लाती हैं
छटपटाती हैं सतह पर हर रोज,

जब सूरज अपने पूरे सामर्थ्य से
तपने लगता है
सागर के बीचो-बीच जाकर।

सूरज एक चालक गोताखोर है।
सोख लेना चाहता है वह संपूर्ण सागर-संपदा,
बिना कोई डुबकी लगाए।

शायद जानता है, कि वह बुझ जायेगा
जिस दम उतर जाएगा यूंही,
युक्तिविहीन।

इसलिए जब
उसकी तमाम चेष्टाएं
असफल हो जाती हैं,

लहरों की दृष्टि बचाकर
वह चुपके से ओढ़ लेता है
एक सुर्ख कवच,

फिर उतर जाता है
सागर की छाती में।

सागर लहूलुहान हो जाता है,

सूरज जोरों से खिलखिलाता है,
एक कोने से अंधेरा
हर रोज गहराता है।

स्वरूपांतरण

सहसा मेरे अंदर
कुछ धुंधुआने सा लगा है,
कितनी ही गंदी नालियां
खोलने लगी हैं अपना मुंह,

झोपड़ियों से उठती बास
अब भरने लगी है मेरे अंदर,
उकेरने लगी है -
मेरा संपूर्ण अस्तित्व।

चमक रहा था सूरज हमारा अभी-अभी
एयर इंडिया की बहुमंजिली इमारत पर,
हमारे डिश एंटीना
और कॉकटेल के गिलासों पर,

फिर कौन सा सूरज अटका पड़ा है
धारावी के इस कोने में,
आज सात दिनों से औंधे पड़े,
एक ठेले के पहिये में?

कहता है ठेलेवाला,
जो अभी-अभी आया है
ब्लडबैंक से मुट्ठियों में भर लकर नोट,
कल जरूर निकाल लेगा अपने ठेले को।

पर यह सूरज, जो चढ़ता नहीं,

उतरता नहीं, टूटता नहीं, दरकता नहीं,
छूट गयी है जिसके हाथों से रास,
भटक गए हैं जिसके अश्व, खो गया है रथ,

कहां जा पायेगा?
क्या इस ठेले से निकल कर
किसी दूसरे, फिर तीसरे में
यूंही अटकता चला जायेगा?

कब, कहां ढूंढ पायेगा वह सब कुछ
जो खो दिए हैं उसने जाने-अनजाने,
कभी बादलों, तो कभी
तूफानों के बहाने।

भर रहा है पानी अब आंखों में,
कहीं कोई जला रहा है कच्चे कोयले की ढेर।
जल नहीं रहा है कोयला,
पक रहा है।

अन्वेषण

प्रदूषण नहीं होता
सिर्फ गंगा में बहते
लावारिश लाशों, कचरों
और खर पतवारों से।

होता है यह तब भी,
जब मरी हुई देहों से
रातो-रात पाट दी जाती है
सरयू की लहर, और मेरठ की छाती।

प्रदूषण नहीं होता
सिर्फ मोटर-गाड़ियों
और कल-कारखानों में
जलते ईंधन से,

होता है यह तब भी -
जब गली-गली, मोड़-मोड़,
चौराहे-चौराहे,
सजने लगती हैं चिताएं,

अबोध चिताओं से
उठने लगती हैं लपटें लपलपातीं,
और फिर देखते ही देखते, एक समूची पीढ़ी
उसमें समाती चली जाती है।

शहर-शहर, गांव-गांव,
खेत-खेत, हर गली,
जब दरारों से पटती चली जाती है,
प्रदूषण तब भी होता हैं।

प्रदूषण नहीं होता
सिर्फ वाहनों की शोर
और सायरनों की आवाज़ से,
होता है यह तब भी,

जब पंजाब में पकती रोटियों
और ज़ाफ़रान की वादियों से उठती सुगंध
सहसा बारुद के गंध में
बदल जाती है,

और एक ही रात,
सारा भोपाल सो जाता है
ख़ामोशी की नींद,
फिर ता-उम्र जागता है।

प्रदूषण नहीं होता सिर्फ
नालियों में बहते गंदे पानी
या नदियों और हवाओ के संग
हम तक आये परमाणु कचरे से,

होता है यह तब भी
जब राइफलों की गूंज़
और टैंकों की गड़गड़ाहट के बीच
घोंट दी जाती है कोई प्रतिबंधित चीख,

फिलिस्तीन सहसा
संगीनों से ढंकता चला जाता है,
और दुनिया के नक़्शे पर कुवैत
बदल जाता है सहसा एक और फिलिस्तीन में,

और शताब्दियों की आग पीता अफ्रीका
आज भी कहीं नंगे बदन
कालाहारी ओढ़ता-बिछाता है
प्रदूषण तब भी होता है।

प्रदूषण नहीं होता सिर्फ
अंटार्टिका के गर्भ में हो रहे अंधाधुन अन्वेषणों से।
हर अन्वेषण से प्रदूषण कब होता है?
हम अपना अन्वेषण कर के तो देखें।

खुले आसमान के नीचे

(एक)

चलें कभी, निकल पड़े हम यूंही,
उजले-उजले दिनों में,
रंगीन गुब्बारों की तरह

कोई सीप, कोई शंख होगा जरूर,
आसमान नीला है समंदर की तरह।

छोड़ कर अपनी थाती
नाले पर बनी किसी पुलिया पर,
और वह देखती रहे हमें अपलक,

हिलाती रहे अपने हाथ,
विदा गीत थरथराते रहें उसके होठों पर,

चलें कभी, निकल पड़े हम यूंही,
उजले-उजले दिनों में,
रंगीन गुब्बारों की तरह।

("धर्मयुग", 16 नवंबर 1993 में प्रकाशित)

खुले आसमान के नीचे

(दो)

चलो चलें, यूंही कभी,
निकल पड़ें हम किसी ओर,
और देखें सब कुछ, वैसे नहीं,
जैसे देखना चाहते हैं हम,

देखें, दिखते हों वे स्वयं जैसे।
वे बोलें, और हम सुनें,
वह नहीं, जो सुनना चाहते हों हम,
सुने बस, जो कहते हैं वो।

नदी बजती है अगर एक तानपूरे की तरह
किसी ढलती सांझ,
चलें, सुने नदी को हम
एक तानपूरे की तरह।

नदी को तानपूरे की तरह सुनना,
उसकी रेत को खोर कर उसमे,
अपने दुःखों को खो देना,

बेढ़ंगे चाँद को
अपने माथे तले लेकर सो रहना,
और संपनों को देखना बस सपनों की तरह,

जैसे चाँद और नदी दोनों के करीब होना।

("धर्मयुग", 16 नवंबर 1993 में प्रकाशित)

खुले आसमान के नीचे

(तीन)

हम भागें हौले-हौले
भेड़ों की झुंड के साथ,
पार करें एक कच्ची सड़क
उनकी गरमाहट के बीचों-बीच।

उसी दम, जब रुन-झुन करती
कोई इक्का गाड़ी गुजर जाये
हमारी बगल से,
और छू जाये हमारे माथे को
इमली के पेड़ से उतरती हवा,

उसी दम, ठीक उसी दम,
ढोरों को हांकते चरवाहे की थकन से
उठती है हरियाली,
और आसमान बुनता है एक लिबास
सूफ़ का, उस दिन के लिए।

चलें देखें हरियाली को हम आज
बस हरियाली में ही नहीं,
नाहीं देखें इस दिन को,
और किसी भी दिन की तरह।

("धर्मयुग", 16 नवंबर 1993 में प्रकाशित)

खुले आसमान के नीचे

(चार)

जब मंदिरो के शिखर तपने लगें
और मैदानों में दौड़ने लगे हरहराती लू
मई के महीने में,

मस्जिदों के मीनारों में
चुपके से बैठने लगे जब गर्द खाई हवा,
चलें, तीन के आसपास उस ढाबे पर मिलें,

जहां कुंए के पानी के छिटने पर
धरती से उठती है
एक सोंधी महक।

फिर उस खुशबू के साथ
तय करें एक सफर,
लौटें अपने घर।

और फिर घर से वापस
उसी रास्ते हम लौटें
अपने लौटने के इतिहास में।

उस इतिहास के साथ फिर लौटें हम आज की ओर,
वैसे ही, जैसे धरती की ताप
और गर्द खाई हवा का ऊपर उठना।

खुले आसमान के नीचे

(पांच)

जिस पेड़ के नीचे कोई पूजता है ब्रह्म,
तोड़ता है सारंगी कोई संयासी,
वहीं पास बेरों के जंगल में
दफनाएं जाते हैं मुर्दा बच्चे।

और अंधेरे मुंह उठकर नदी में
कपड़े धोने जाती धोबिन कहती है,
बच्चे भागते हैं उसके आने पर
बगुलों के झुंड की तरह,

छप-छप कर पार कर जाते हैं नदी,
पर वह कभी नहीं डरी।
वैसे ही कोई भय,
जब छप-छप करता

पार करना चाहता है
आशंका की कोई नदी,
पर नहीं कर पाता पार जब
हम उसके विपरीत डरे,

पूजा कोई ब्रह्म,
तोड़ी अपनी सारंगी,
कहीं किसी और

पेड़ के तले।

("जनसत्ता", सबरंग, 14 नवंबर 1993 में प्रकाशित)

खुले आसमान के नीचे

(छह)

परछाइयां आहिस्ता-आहिस्ता छोड़ती हैं बदन,
दरारों में उतर जाती हैं,

और पेड़ों की आवृतियों के बीच
काली सुरंग सी भागती सड़क का
जब कोई सिरा नहीं दिखता,

सांझ बोलती है बांस के झुरमुटों के पीछे से
एक अपशकुन की तरह।

और हम,
अपने मन में कहीं दूर तक,
भागते चले जाते हैं।

और जब तक, रोशनी में लिथड़ा
रास्ते का एक सिरा आता है हाथ,

मन के फाहे पर कोई तक्षक
खोल चुका होता है
अपने विष की थैली।

("जनसत्ता", सबरंग, 14 नवंबर 1993 में प्रकाशित)

खुले आसमान के नीचे

(सात)

एक घेरा खांचा हुआ,
घेरे के बाहर बच्चे,
खुलता है पिटारा
और मिट्टी को झुरझुरी होती है।

बीन बाजे पर कोई
पटकता है फन,
नाचती है कोई देह,
रस्सियों पर भागता है नट किशोर

और डुगडुगी बजती है।
बच्चे तालियां पीटते हैं
और बूटियों से
बेहोश कर दी जाती है लड़की,

ढंक दी जाती है काले कपड़े से,
खोपड़ी खीं खीं करती है,
डुगडुगी फिर बजती है
बरगद के पेड़ के नीचे।

लड़की चीर दी गई,
खून, सचमुच खून!
लड़की मर गई,
नट भागता है बेहाल...

लड़की नहीं आयेगी,

लड़की अब कभी नहीं आयेगी।
बच्चों, मेहरबानों,
कद्रदानों,

पैसा फेंकों,
जो नहीं देंगे पैसे,
मुर्दा हो जाएंगे
बारह बजे रात के बाद, वर्ना...।

बस्ते को टटोलता
भागता है बल मन।
कुछ भी नहीं पास अपने,
भागता है आंख बचा कर वह पूरी भीड़ के,

अलगनियों पर कपड़े फेंकता,
बेसुध हो जाता है।
गहराती है रात जैसे-जैसे,
वह झूलता है बरगद की जटाओं के बीच,

रात बारह बजे, ठीक बारह बजे,
लड़के की सांस रुकती है, चलती है,
बारह बजे, ठीक बारह बजे,
लड़का नहीं था।

लड़का सचमुच नहीं था।
लड़का जाने कहां था,
लड़के को नहीं मालूम,
आज तक।

("जनसत्ता", सबरंग, 14 नवंबर 1993 में प्रकाशित)

आदिमानव

आदिमानव,
सृष्टि के किस अज्ञात पल
उठे थे तुम पहले-पहल,

खोली थीं अपनी आंखें,
और रखा था इस धरती पर
अपना पहला पग?

आदिमानव,
वह कौन सा युग था,
अज्ञात, अनाम,

कौन सी घड़ी थी,
जब सूरज की सुनहरी किरणों ने किया था,
तुम्हारे माथे का प्रथम स्पर्श?

और जब चले थे धरा पर तुम,
मुड़े थे किस ओर प्रथम?
अपने स्कन्धों पर रख कर

आने वाले अनंत युगों की अपनी कहानी,
कहां गए थे तुम पहली-पहली बार?
क्या जानते थे तब भी, कि तुम हो कौन?

क्या जानते थे कि तुम वही हो, जो होना चाहते थे?
और हो सकते हो वही, जो चाहोगे होना?
पर पहले यह कहो,

कौन सा फल चखा था तुमने
पहली-पहली बार?
बुझाई थी अपनी प्यास किस सोते पर?

और उठाया था जब
अपना पहला कदम,
अकेले थे या एक समूह?

किस वृक्ष पर बितायी थी तुमने
अपनी उम्र की पहली रात?
किन पहाड़ियों पर देखा था प्रथम अरुणोदय?

कौन प्रिय हुआ था तुम्हें पहले-पहल?
टूटी थीं बिजलियां जब, भयभीत होकर तुमने
किसे पुकारा था? क्या कहा था?

कहो,
क्या था तुम्हारा
प्रथम संवाद?

वह वेद नहीं,
वह मंत्र नहीं,
वह ज्ञान नहीं,

पर सब कुछ था वही,
जो कहा था तुमने
पहले-पहल।

आदिमानव,
तुम डरे थे,

पर डरे नहीं थे,

प्रथम प्रलय,
प्रथम प्रवाह,
प्रथम आंधी और पहले तूफान से।

खोल कर मुख
बढ़े थे पी जाने को
ज्चालामुखी, समुद्र।

हाथों में लेकर पाषाण-खंड
तुम बढ़े थे आगे,
भय से किया था साक्षात्कार।

आज की भांति,
तुम तब भी अजेय थे।
पर पहले कहो,

कौन था तुम्हारा प्रथम आखेट,
जिसे लाये थे उठाकर अपने कंधे पर?
कौन सी सांझ ढूंढ पाए थे अपनी पहली छत?

किस गुहा में, किस याम
मिल बांट कर खाये थे
अपनी संतानों के साथ अपने ग्रास?

किसे दी थी अपनी ऊष्मा की प्रथम अनुभूति?
किससे बांटी थी अपनी पहली व्यथा?
किसका वियोग हुआ था तुम्हें पहले-पहल?

देवता झूठ कहते हैं,
तुम लाये थे मांग कर अग्नि
उनसे कभी।

आग तुम्हारे भीतर थी,
आग तुमने आप पाई,
अवनि पर जब आये तुम,

एक शलाका थे।
तभी तो झेल गए
देवताओं की तमाम यातनाएं,

और लेकर बढ़े थे पाश
जादू और मन्त्रों के।
युग हिमाच्छादित था,

और तुम बांध रहे थे आपदाएं,
बढ़ते गए थे तुम्हारे पग फिर
देवताओं के साम्राज्य तक।

और उतार लाये थे
तुम धरती पर फिर नदियां,
और दूब भरे मैदान।

जंगलों, उपत्यकाओं,
छालों और मृगया से
चरागाहों तक तुम आये कैसे,

छोड़ कर अपनी गुहा,

उत्कीर्ण चित्र,
और काल-गाथा?

कब डाला तुमने धरती के गर्भ में प्रथम बीज?
कब काटीं स्वर्णवर्णी फसलें?
कब गाये उल्लास प्रथम?

कब थिरके तुम्हारे पांव?
आदिमानव, निःस्पृह थे तुम,
स्पृहा जागी कब?

कब निकले थे तुम
फिर युद्धभूमि की ओर,
हांथों में लिए तलवार?

कब काट डाले थे अपने ही संतानों के सिर?
कब पहन लिया था ताज, और डाल ली थीं गले में
मोतियों की मालाएं?

कौन थी तुम्हारी प्रथम युद्धभूमि?
कौन था तुम्हारा प्रथम साम्राज्य?
कौन था वह मणि-जटित दर्पण,

जिसमें प्रतिबिंबित हुई थी तुम्हारी सभ्यता प्रथम?
कब देखा तुमने, फिर अपना ही आहत मर्म,
और अपनी उंगलिओं से रिसता लहू,

जो लिख रहे थे इतिहास?
कब किया था तुमने चीत्कार,

फिर अपनी ही गौरव गाथाओं पर?

कब किया था क्रंदन, और निकल पड़े थे
अपने साम्राज्यों को छोड़
गुहाओं की ओर?

आदिमानव, तुम लौटे थे,
गुहाओं से गुहाओं की यात्रा की परिधि से भी
विशाल होकर तुम लौटे थे।

आदिमानव, तुम आज भी लौटते हो
वैसे ही कहीं, हमारी स्पृहा में,
विराग में,

शौर्य में, संताप में,
आदिमानव, तुम आज भी लौटते हो कहीं,
हमारी धमनियों में।

परिचय

आधुनिक हिंदी कविता के क्षेत्र में कल्पना सिंह (कल्पना सिंह-चिटनिस) एक सुपरिचित नाम हैं। इनके हिंदी काव्य-संग्रहों में "बिहार राजभाषा सम्मान" से पुरस्कृत "चाँद का पैवंद" (1986), "तफ़्तीश जारी है" और "निशांत" (1993) के नाम उल्लेखनीय हैं। कल्पना सिंह की कविताओं का प्रकाशन हिंदी और अंग्रेजी के कई प्रमुख पत्रों और पत्रिकाओं में हुआ है, तथा इनकी रचनाओं का अनुवाद देश-विदेश की कई भाषाओं में किया गया है। साहित्य और फिल्मों में राष्ट्रीय और अंतर्राष्ट्रीय स्तर पर योगदान के लिए कल्पना सिंह को 1987 में "बिहार श्री" की उपाधि, तथा 2014 में "राजीव गांधी ग्लोबल एक्सीलेंस अवार्ड" से भी सम्मानित गया।

बुद्ध की धरती गया में जन्मी कल्पना सिंह ने मगध विश्वविद्यालय से राजनीती शास्त्र में एम्. ए. की शिक्षा प्राप्त की, और कुछ समय के लिए गया कॉलेज, गया, में अध्यापन कार्य भी किया। 1994 में अमेरिका आने के बाद इन्होंने "न्यूयॉर्क फिल्म अकादमी" से फिल्म निर्देशन की शिक्षा हासिल की, और Harvardx, (हार्वर्ड यूनिवर्सिटी) से "Buddhism Through Its Scriptures" का अध्ययन किया।

हिंदी और अंग्रेजी, दोनों भाषाओं में समान रूप से लिखने वाली कल्पना सिंह-चिटनिस के अंग्रेजी काव्य संग्रह "बेयर सोल" को 2017 में लेबनॉन के "नाजी नामन लिटरेरी प्राइज़ फॉर क्रिएटिविटी" से सम्मानित किया गया। पेशे से फिल्म निर्देशिका, कल्पना सिंह-चिटनिस अमेरिका से निकलने वाली "लाइफ एंड लेजेंड्स" साहित्यिक पत्रिका की प्रमुख सम्पादिका हैं, और वर्तमान समय में अपने अगले काव्य संग्रह "ट्रेसपासिंग माई अनसेस्ट्रल लैंड्स" तथा केदारनाथ सिंह के हिंदी काव्य संग्रहों का अंग्रेज़ी में अनुवाद का कार्य कर रही हैं।

तफ़्तीश जारी है